這本書的小主人 _____

節慶
萬花筒

編者的話

COBOL 程式語言發明家、除錯（**Debug**）之母——葛麗絲·霍普（**Grace Hopper**）曾說：「編程不只是一門實用的技藝，更是建立知識基礎的重大任務。」在這個科技日新月異的時代，要培養孩子適應快速變動的環境，成為不斷自我充實的學習者，最新的教育素養——**STEAM** 教育（科學、技術、工程、藝術、數學）應運而生。

STEAM 教育除了鼓勵跨領域的多元學習外，更重視引導孩子建立邏輯思維，鍛鍊出運用所學、所知於日常生活的能力。而在這個時代，資訊科技便是孩子觀察世界、思索疑問，進而嘗試解決問題的好幫手、好工具。

如同學習語言是為了走向世界與更多人建立聯繫，隨著科技的發展，人與電腦相互溝通協作的時代也正式來臨。透過電腦語言的編程，我們可以審視自己的邏輯，更可以借助電腦強大的運算能力，完成我們所規畫的願景。

因此本系列產品以孩子的日常生活為根本，從探索跨領域的知識和原理開始，一步步陪伴孩子提出假設，再到運用電腦編程驗證，進而發展邏輯思維、內化學習成效。用可愛、有趣的風格，展現深入淺出的生活科學原理，讓小讀者們汲取新知、親手編程，培養邁向新時代的關鍵能力。

特色

故事為中心，讓知識融入生活

以小波一家人的登場為開頭，藉由孩子天真發問的口吻，點出生活現象背後隱含的知識與原理。在引導小讀者進行邏輯思考的同時，更能和自身生活環境結合，增加自主學習的熱情，培養見微知著的觀察力。

循序漸進的說明方式，包羅萬象的內容呈現

書中透過小波和莉莉對生活環境的觀察，進一步延伸到文化與科技上的應用、思考，讓小讀者能從熟悉的生活經驗出發，在閱讀過程中，一步步拓展、發掘未知的學習領域，領略知識與科技的美好。

跨領域多元學習，培養多重能力

本產品以國際風行的「STEAM」教育為核心，內容結合自然科學、資訊科學、數學、藝術、語言、文化、道德等多元素養，幫助孩子建立跨領域思維，訓練邏輯思考、閱讀及理解能力。

目錄

人物介紹

莉莉

4 歲的小女孩，
活潑可愛。

小波

7 歲的小男孩，
喜歡科學、充滿好奇心。

派奇

很聰明的機器人，
可以和人類對話。

媽媽

學校教師，年齡約 40 左右，
個性細心、平易近人。

爸爸

學校教師，年齡約 40 左右，
個性溫文爾雅、有耐心。

節慶嘉年華

　　小波一家帶著機器人派奇一起出門逛街，到城裡感受歡樂的聖誕節氣氛。他們來到中央廣場，發現一棵高大的聖誕樹，裝飾了許多美麗的七彩燈。

　　小波說：「樹上的燈緩緩地亮了又滅，好像派奇在眨眼睛，真有趣！」

「我可以更像聖誕樹喔！」派奇讓眼睛跟著七彩燈改變顏色，逗得大家哈哈大笑。

「樹的最上面還有一個亮晶晶的星星耶！好漂亮喔！」莉莉說。

爸爸說：「你們的觀察力真敏銳！猜猜看，聖誕樹上面為什麼要放星星呢？」

聖誕節 CHRISTMAS!

聖誕節是 **12月25日**，是基督教的信仰者們為了紀念耶穌基督的生日而定。由於這個節日距離元旦很近，因此在部分歐、美國家，聖誕節到新年期間，可能會有長達數日的連續假期。

一年過兩次聖誕節？

南、北半球的季節不同，當北半球的人穿著毛衣在家過聖誕節時，南半球正值夏季，人們反而穿著短袖、短褲在海邊慶祝呢！於是，有些南半球的國家（例如：澳洲、紐西蘭、南非）為了享受冬季的聖誕氣息，甚至發展出「七月聖誕節」，一年慶祝兩次聖誕節。

6 月的地球

夏季

北半球
南半球

冬季

12 月的地球

冬季

北半球
南半球

夏季

聖誕節的習俗

慶祝聖誕節的國家眾多，習俗也因地域有所差異。常見的習俗與活動有：

為聖誕老人準備點心

據說聖誕老人（**Santa Claus**）會背著一大袋禮物、駕著麋鹿雪橇，趁著深夜時從煙囪進到乖小孩家，悄悄把禮物放進聖誕長襪或聖誕樹下。人們會在睡前準備好餅乾和牛奶，放在明顯的位置，好招待專程來訪的聖誕老人。

家族聖誕晚餐

聖誕晚餐是聖誕節的重頭戲，全家會團聚一堂，享用美食、交換禮物。火雞、餅乾與紅酒等是聖誕晚餐常見的的共通菜餚，其他菜色則因地而異。

裝飾聖誕樹

人們會在家中擺放象徵常青的聖誕樹，並掛上彩燈與帶有聖誕意象的吊飾，例如：薑餅人、禮物、麋鹿、雪人、聖誕帽、彩球、星星等。最特別的是聖誕樹頂端的裝飾品，通常都具有特殊的意義，常見的有：

伯利恆之星
象徵希望，源於星星引導智者前往伯利恆找到耶穌的典故。

天使
根據《聖經》的記載，耶穌誕生當晚，有天使出現在空中向世人報信。

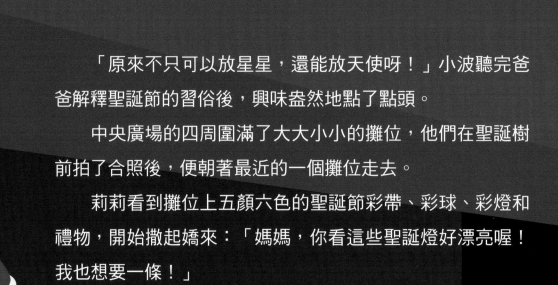

「原來不只可以放星星，還能放天使呀！」小波聽完爸爸解釋聖誕節的習俗後，興味盎然地點了點頭。

中央廣場的四周圍滿了大大小小的攤位，他們在聖誕樹前拍了合照後，便朝著最近的一個攤位走去。

莉莉看到攤位上五顏六色的聖誕節彩帶、彩球、彩燈和禮物，開始撒起嬌來：「媽媽，你看這些聖誕燈好漂亮喔！我也想要一條！」

　　「我贊成！」小波指著隔壁攤位的小型聖誕樹說：「媽媽，我們家也來裝飾聖誕樹嘛！點亮彩燈，客廳就會變得五彩繽紛，一定很熱鬧！」

　　媽媽想了想，沒有馬上答應，只是笑著說：「我知道還有一個節日，也充滿了各式各樣的色彩喔！」

侯麗節 HOLI

　　侯麗節又稱為灑紅節、五彩節，是印度傳統文化中象徵迎春與祈福的新年，時間在印度教曆 **12** 月的月圓日（大約在每年 **2** 月、**3** 月左右）。

侯麗節的慶祝活動

　　侯麗節的慶祝活動來自一個古老的故事：有個狂妄的國王禁止人民拜神，只許信奉他，但信仰虔誠的王子不願照做，因此國王命令妹妹──女妖侯麗卡（**Holika**）用計燒死王子。

　　最終，王子獲得神靈保佑，成功從火焰中脫身，只有侯麗卡被燒成灰燼。因此，在侯麗節前夕，人們會架起火堆，將木頭等可燃物，以及象徵女妖的草人或紙卡投入火中燃燒，並圍著火堆唱歌、跳舞。

Happy Holi

到了侯麗節當天，最具有代表性的活動就是人們互相潑灑、塗抹彩色顏料和粉末的慶典。在深受階級制度影響的印度社會，侯麗節是難得人人都能高喊「Happy Holi!」、忘卻階級劃分的狂歡日，具有宣揚自由、愛與和平的意義。

近年來，隨著國際文化的交流，侯麗節充滿歡樂氣氛、潑灑彩色粉末、顏料的活動，也在世界各地流行起來，通常做為大型慶典、表演、運動賽事等活動的一環。值得注意的是，大量潑灑彩色粉末的行為，可能汙染環境或危害健康，甚至曾發生火災意外導致多人受傷。因此參與活動前要注意安全措施，事後也要維護環境整潔才行。

「哇！」莉莉想像著街道上灑滿彩色粉末的樣子，忍不住驚呼：「侯麗節結束後，打掃起來一定很辛苦！」

「聖誕節過後，要收好聖誕樹、聖誕燈，等到隔年再使用，也很辛苦呢！」爸爸捶著肩膀，裝出很累的樣子。

小波和莉莉立刻異口同聲地說：「我們會幫忙！」

媽媽聽了，笑著說：「好吧，那我們就買一棵小聖誕樹回家！」

才剛賞完聖誕樹，利利又再度發揮她的好眼力，指著遠處的一個攤位說：「好像有人在寫春聯耶！」

小波說：「真的耶！可是還沒有過新年呀？」

「我們過的新年是農曆春節，不過有許多國家的新年是指聖誕節後幾天的元旦喔！」媽媽說。

爸爸說：「我們過去瞧瞧那邊還有什麼東西吧！」

LUNAR NEW YEAR

農曆新年

農曆新年又稱為「春節」（ **Spring Festival** ），是華人依照傳統曆法──「農曆」所慶祝的新年。近年來，春節隨著移民、國際交流而廣為人知，並和當地文化融合，發展出獨特的嶄新樣貌。

從除夕（農曆 **12** 月最後一天）前一晚的小年夜開始，一直到元宵節（農曆 **1** 月 **15** 日），期間有著各式各樣的活動和慶祝方式。

除夕與年獸的故事

傳說每年冬天，年獸「夕」會在半夜跑出來吃人，因此，眾人會在夜晚團聚抵抗年獸。後來，大家發現年獸害怕紅色、燈光和巨響，成功用計趕走年獸（除掉夕），最終演變成守歲、貼紅春聯、放爆竹等各項習俗。

大年初一

到親戚家拜年，晚輩會向長輩祝福，長輩則會發給晚輩紅包（壓歲錢）。在中國，長江流域的南方人多半會在這天吃湯圓，象徵團圓、甜蜜；而黃河流域的北方人則通常會在這天包餃子。

大年初二

古代中國女性結婚後，便與丈夫的家族一起生活在婆家，只有大年初二才回娘家與家人團聚。

大年初五

新年期間休息的店家多半會在初五恢復營業，稱為「開市」。除了放鞭炮，也有舞龍舞獅、踩高蹺等表演慶祝活動。

大年初七

新加坡、馬來西亞地區的華人會在這天吃「撈魚生」作為年菜，用筷子拌勻魚片和配料後，邊喊「撈起！」、「發！」等吉祥話邊享用，以祈求好運。

元宵節

正月十五日是元宵節，有掛花燈、猜燈謎、吃湯圓等習俗。臺灣的部分地區也會舉辦特別活動，例如臺東炸寒單、臺南鹽水蜂炮、新北平溪放天燈等。

　　賣春聯的攤販寫得一手好字，還有賣紅包袋以及糖果和瓜子等春節常吃的零食。媽媽買了一些糖果後，一家人便踏上歸途。

　　小波說：「聖誕大餐、年夜飯……我最喜歡過節吃美食了！」

　　「哥哥，你好貪吃喔！」莉莉嘲笑小波。

　　小波不服氣地說：「你還不是一樣，初二回外婆家時，說要幫忙端菜，結果一直偷吃！」

莉莉見事跡敗露，尷尬地辯解：「我哪有……」

「好、好，別爭了，」媽媽說：「我也喜歡聖誕大餐和年夜飯，也會趁幫忙的時候偷吃菜，」她摸摸兩個孩子的頭說：「節日有美食，才更有意思呀！」

爸爸笑著說：「沒錯，不過，還是要注重衛生和健康，並且自我節制才行，可別把大家的菜都偷吃光啦！」他接著補充道：「有一個特別的節日，雖然也有美食相伴，不過在那之前，可得先齋戒一個月，節制飲食，好好反省自己平常的表現喔！」

齋戒月
RAMADAN

齋戒月是全球伊斯蘭教徒（穆斯林）一年中的大事，主要的活動在於透過齋戒和捐獻，來體會窮人的艱辛，並學習關懷他人與自我節制。

齋戒月的期間

齋戒月位於伊斯蘭曆的 **9** 月，長達 **29** 至 **30** 天。根據月亮週期變化制定的伊斯蘭曆，每年約比公曆少 **11** 天，所以每年齋戒月的公曆日期並不固定，更可能每隔幾年就會落在不同季節。

齋戒月的規定

除了老弱、孕婦、幼兒或旅行者等，因為健康或其他因素沒辦法齋戒者，其他人在這個月當中，每天從日出到日落的期間，都要遵守以下規定：

✕ 避免娛樂活動
避免看電視、聽音樂等娛樂。

✕ 禁止飲食
不能吃飯、喝水、抽菸等等。

✕ 禁止爭執
反省自己的過錯，不生氣或爭吵。

什麼時間可以吃東西？

封齋：在日出前吃「封齋飯」，並在清晨做禮拜，開啟一天的齋戒。

開齋：日落後，和朋友、家人們聚在一起吃「開齋飯」。通常會效法穆罕默德（伊斯蘭教先知）先吃椰棗，晚禱後才吃真正的晚餐。

色彩繽紛的 Fanous

以埃及為主的部分伊斯蘭國家，當齋戒月來臨時，家家戶戶會在街道和房屋掛上源於古老傳統的燈籠「**Fanous**」。

這些美麗的燈籠多以彩色玻璃和金屬製作而成，除了是伊斯蘭教齋戒月的象徵之一，現在也流行到全球各地作為裝飾用。

盛大慶典：開齋節

齋戒月結束後，就會迎來為期數天的「開齋節假期」。開齋節是伊斯蘭教的盛大節慶，類似於農曆新年或聖誕節，人們會穿著整齊一同參與祈禱，彼此祝賀，並和親友相聚用餐、贈送禮物等等。

「感覺好辛苦喔！」莉莉說。

小波說：「我覺得每天晚上都能和家人、朋友一起吃飯、聚會也很棒啊！」

爸爸說：「年紀太小的小朋友，或是因為其他原因不適合齋戒的人，可以等自己能力許可時再參加。這個節日的重點是透過節制飲食，提供一個反省自己、關心別人的機會。而且，齋戒對穆斯林來說是一個很重要的活動。雖然每個人的想法不一定相同，但還是要尊重不同的文化喔！」

媽媽補充道：「像有些餐廳，會在齋戒月時把窗戶遮起來，避免干擾齋戒的人；如果知道有朋友正在齋戒，就盡量別在他們的面前吃東西，這些都是表現尊重的方式。」

莉莉認真地點點頭：「我知道了！」她想了想，又接著說：「可是我還是比較喜歡萬聖節！有好多糖果可以吃喔！」

「你不怕鬼嗎？萬聖節會有鬼出現喔！」小波故意發出「嗚嗚嗚」的怪聲，嚇得莉莉躲到媽媽身後。

爸爸說：「好啦，小波，別再捉弄莉莉了。而且，正確的說法其實不是『萬聖節』喔！說『萬聖夜』可能會更適合。」

萬聖夜 Halloween

萬聖夜是指「萬聖節」（諸聖節）的前夕，也就是 **10** 月 **31** 日的夜晚。在西方傳統文化中，這一天晚上被認為是幽靈、鬼怪出沒的時間，因此又被視為西方的「鬼節」。

為什麼萬聖夜要變裝？

相傳萬聖夜來臨時，死者的亡魂會回到人間，而像巫婆、殭屍等妖魔鬼怪也會跑到大街上四處遊走。於是人們穿上奇裝異服隱藏自己的身分，希望能免於這些妖魔鬼怪的騷擾。

後來，則逐漸發展成不限於鬼怪主題的變裝派對、舞會和遊行等慶祝活動，成為一種流行文化傳播到全世界。

不給糖就搗蛋（Trick or Treat）

　　據說古時候的人們會在萬聖夜布施食物，提供給來到人間的鬼魂當成祭品，逐漸地就演變成萬聖夜最受小孩子歡迎的活動——「不給糖，就搗蛋」。當夜晚來臨，小孩子裝扮成鬼怪後，便會在街坊鄰里之間，挨家挨戶地敲門討要糖果、零食。

　　近年來，隨著社會型態的改變，進行這個慶祝活動的同時，也多了一些應該注意的事項。像是尊重不參與活動的人家（不該隨意搗蛋）；討要來的糖果在安全方面的疑慮（食用前應先檢查是否有異物）等等。

南瓜燈籠的傳說（Jack O' Lantern）

　　南瓜燈籠的故事來自愛爾蘭，相傳有一位小氣鬼名叫傑克，他曾經捉弄惡魔，因此當他死後，地獄、天堂都容不下他。傑克只好提著蕪菁（大頭菜）做成的燈籠，不斷地在人間徘徊。

　　最初，人們模仿傑克的傳說製作蕪菁燈籠，但當這個習俗傳播到美國時，人們發現南瓜更適合雕刻，便以南瓜取代蕪菁，逐漸演變成萬聖夜常見的南瓜燈籠。

「原來我們拿來裝糖果的南瓜燈籠，竟然是鬼怪在用的！」回到家後，小波忍不住大聲說。

　　莉莉害怕地說：「我不敢再吃那些糖果了！」

　　「不用怕，這些都是傳說故事而已！」爸爸在客廳一角放下聖誕樹，笑著說：「要我說，吃太多糖果導致蛀牙，才更可怕呢！」

　　媽媽說：「好了，你們剛剛說聖誕節過後會幫忙收拾聖誕樹，不如從現在就開始幫忙裝飾吧！」

　　小波和莉莉一聽，立刻忘了害怕，開心地繞著聖誕樹喊：「太棒了！派奇，快來幫我們的忙！」

　　有了派奇的幫忙，聖誕樹很快就裝飾完成了。

莉莉看著閃閃發光的聖誕樹，讚嘆：「這些燈真的好漂亮喔！爸爸，可不可以把聖誕樹放到我的房間裡？」

　　小波聽了，立刻抱怨起來：「不公平！我也喜歡聖誕樹呀！」

　　爸爸說：「是呀，而且客廳位置比較大，放房間會很擠喔！」

　　媽媽提議：「不如大家一起來做一棵小小的聖誕樹，每個人就都可以放在自己的房間裡。」

　　「小小的聖誕樹該怎麼做呢？」莉莉問。

　　小波說：「我知道了，可以先用紙做出聖誕樹，再請派奇教我們做出聖誕燈的效果！」

　　派奇開心地說：「好呀！我們現在就開始吧！」

趣味實作

321~ 亮起來！

小朋友，快來組裝屬於自己的聖誕樹。
一起來看看我們需要準備什麼東西吧！

實作模組材料明細

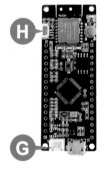

AAA 電池 x4
（需自備）

小拍

電池盒

LED 燈 x12

連接線
20cm x2
10cm x5
5cm x5

電子教具

電子教具 安裝步驟

①

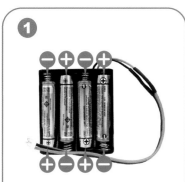

將 **4** 顆電池按照正、負極,放進電池盒裡。

②

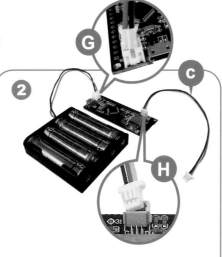

依照插頭方向,將電池盒上的電線接到小拍的 **G** 槽,並將一條 **20cm** 的連接線插進 **H** 槽。

③

ePy0003F1-ED

www.easy-py.net 要求配對
ePy_0003F1-ED
配對　取消

開啟電腦藍牙,並搜尋和小拍符合的號碼,確認電腦和小拍是否成功連線。

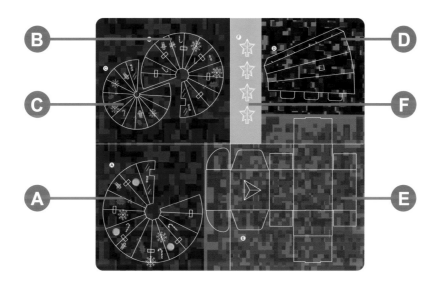

手作教具

手作教具 安裝步驟

①

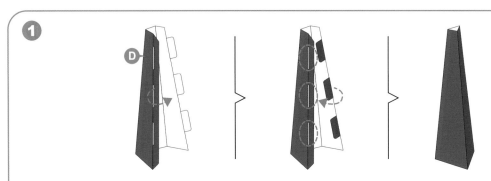

拿出卡紙 **D**，將左側沿著折線往右折，再將右側沿著折線往左折，並將三個小插耳卡入洞裡。

②

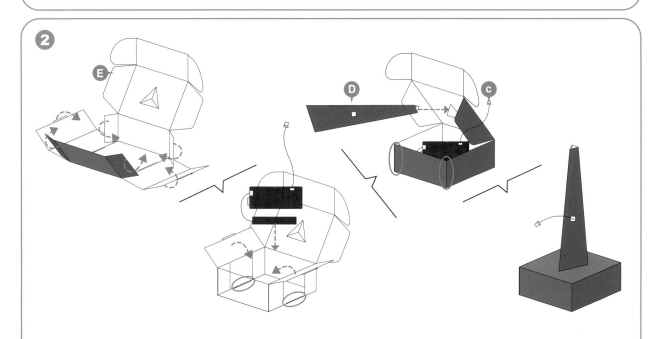

拿出卡紙 **E**，依圖示按照箭頭方向往內折，最後卡入盒底的小口固定，並將安裝好的電子教具放入盒中。將步驟 **1** 已完成的 **D** 由下往上穿過盒蓋上的三角洞，連接線穿入 **D** 後，再從 **D** 上的小洞穿出，最後將盒蓋兩側的插耳放進插口。

聖誕樹的扇葉部分需要一些小技巧，先把材料分組，做起來會更簡單唷！

A 組 卡紙 A、LED 燈 x6、
20cm 連接線 x1、10cm 連接線 x5

B 組 卡紙 B、LED 燈 x6、
5cm 連接線 x5

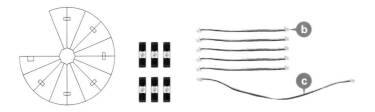

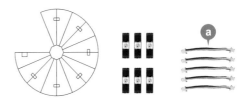

 完成了嗎？那麼讓我們一起從 **A** 組開始做做看吧！

3

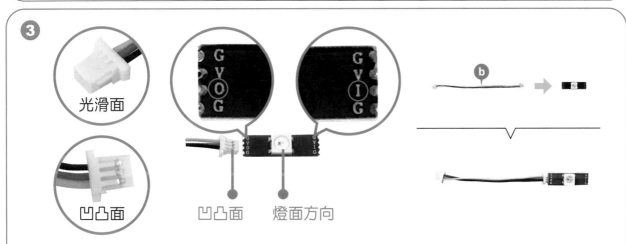

光滑面

凹凸面

凹凸面　　燈面方向

首先，按照插頭方向，在所有 **LED** 燈的 **O** 端接頭插上連接線。
LED 燈 **x1**、連接線 **x1** 為一組，總共六組。

 每一條連接線有兩端，每一端的插頭都有兩面：光滑面及凹凸面。凹凸面及燈面方向須朝
同一側插入，連接的時候要注意插頭方向唷！

31

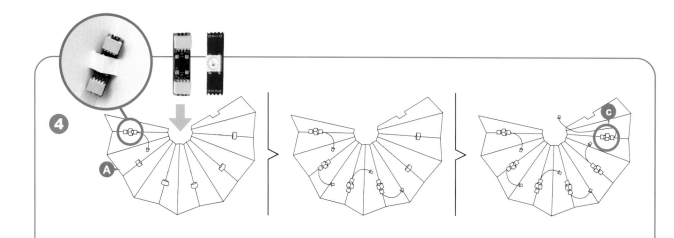

將卡紙 **A** 沿著折線折成扇子的形狀，讓折線中間的小折口往反方向凸起，接著把所有接好 **10cm** 連接線的 **LED** 燈面朝下，由左至右放入小折口裡，最後將接好 **20cm** 連接線的 **LED** 燈放入最側邊的小折口裡。

每個 **LED** 燈有 I（**In**）和 O（**Out**）兩端，我們要用 I 端來連接小拍，所以第一顆 **LED** 燈記得要把 I 的那一端朝下放入小折口唷！因為第一顆 **LED** 燈為 I 在下，O 在上，第二顆 **LED** 燈就要相反，也就是 O 在下，I 在上！

聽起來很複雜嗎？不要怕，讓我把 **LED** 燈的方向畫給你看，你就知道該怎麼做囉！

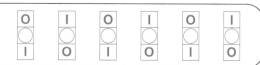

⑤

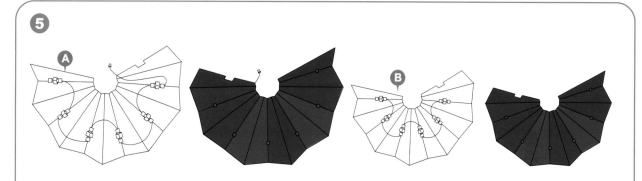

將所有連接線接上右側的 **LED** 燈後，**A** 組就完成囉！而 **B** 組的做法就和 **A** 組一樣。

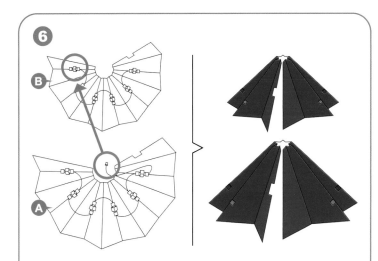

6 A 組和 B 組都完成後，依照圖示方向，將 A 組的 **20cm** 連接線，接到 B 組側邊的 **LED** 燈，並分別將它們黏成三角錐形。

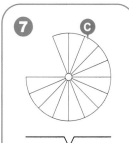

7 拿出卡紙 C 沿著折線折成扇子形，並黏成一個三角錐形。

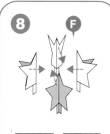

8 拿出卡紙 F 沿著折線對折，並將四邊對黏。

9

拿出步驟 2 已完成的 **D+E**，將連接線接上 **A** 組側邊的 **LED** 燈後，把 **A、B、C** 依序由下往上堆疊，最後再放上 **F** 就完成囉！

我的聖誕樹完成了！

35

電腦的思考方式

電腦執行任務的方式，和人類思考的方式並不相同。舉例來說，當我們想幫盆栽澆水時，心裡想的演算法可能是：

然而，如果電腦按照這樣的步驟執行任務，結果可能是：

原因在於，我們在思考的過程中會自動判斷：「水大概裝半滿」、「澆到土壤看起來濕濕的就好」。但電腦並沒有辦法判斷這種模糊的情況，而必須把「裝多少毫升的水」、「澆水開始，3 秒後停止」這種具體的細節都設定清楚才行。

因此，在為電腦規劃演算法時，必須清楚界定每個細節，不能有模稜兩可的狀況，否則電腦便會無法理解我們想要它完成什麼任務，無法達到我們想要的效果。

現在小朋友都了解什麼是演算法了嗎？但是要怎麼用演算法讓聖誕樹上的燈光亮起來呢？

在我的身體裡有一個「主機板」小拍，它就像我的大腦一樣，負責協助我理解你們說的話，並且完成你們的指令。如果你會說小拍的語言，就能請它依照你的演算法來亮燈。

小拍說什麼語言呢？

用來和電腦溝通的指令叫做「程式語言」，程式語言有很多種，而小拍說的是一種叫做「**PyCode**」的程式語言。

PyCode 是一種圖像化的程式語言，看起來像色彩繽紛的拼圖。只要依照規則拼接不同的方塊，就能用來實驗你心中的演算法囉！

哇！好像很有趣！派奇，快教教我們 **PyCode** 怎麼用吧！

認識 PyCode

想讓電腦執行指令，就要學會電腦能夠理解的語言。**PyCode** 是基於 **Google** 開發的 **Blockly** 為孩子量身打造的程式編寫工具，也是孩子學習 **Python** 的啟蒙基礎，讓孩子透過方塊指令，輕鬆和電腦開啟對話。

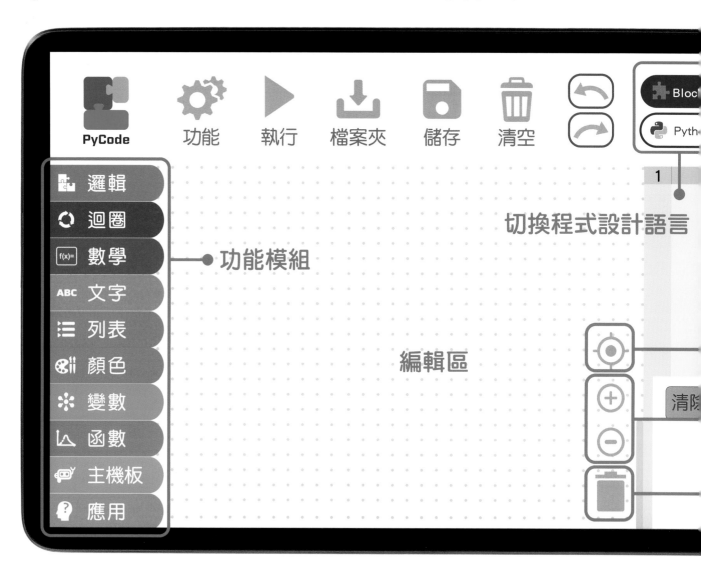

語　言：選擇介面呈現的語言
主機板：選擇目前要使用的主機板

圖示說明：

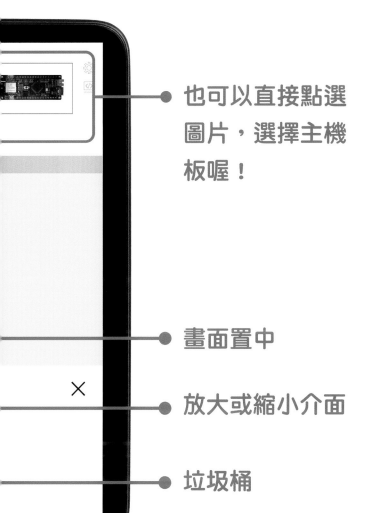

也可以直接點選
圖片，選擇主機
板喔！

畫面置中

放大或縮小介面

垃圾桶

延伸功能
功能

執行
程式完成後，使用者
必須按下這個按鈕才
會開始運作

檔案夾
開啟先前儲存的檔案

儲存
儲存檔案

清空
一次清除所有在編輯
區的程式

回到上一個步驟

回到下一個步驟

認識 PyCode 指令

彩色燈、等待、迴圈

PyCode 程式中，能夠用來和小拍互動的指令方塊都收藏在左側的「功能模組」列表。

首先，讓我們先來認識「LED 燈」，裡面包含能夠控制小拍身上 3 個單色 LED 燈和外接彩色 LED 燈的所有指令。請依照圖示，將指令方塊拉到畫面右側空白的編輯區：

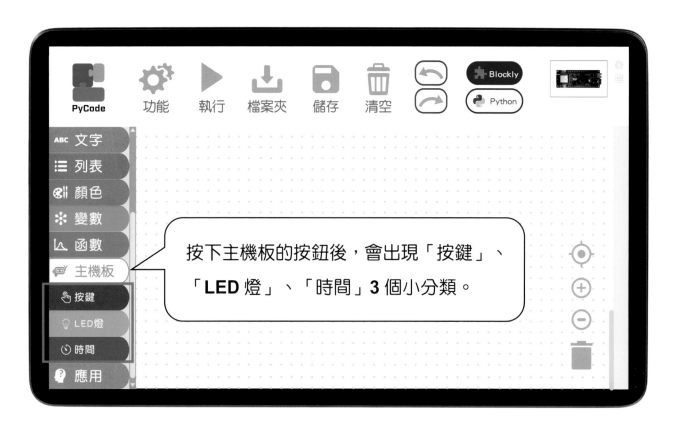

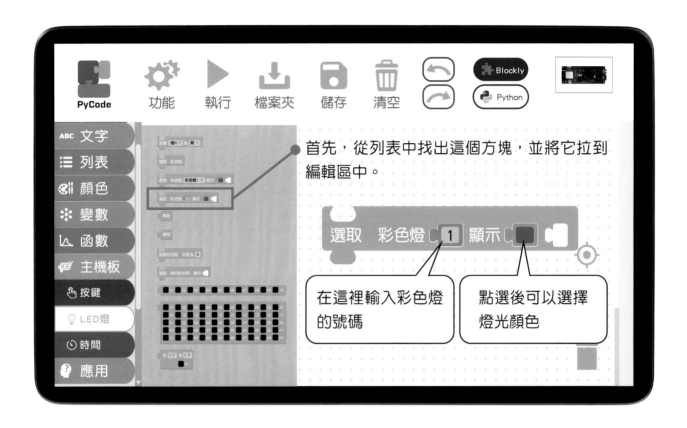

首先，從列表中找出這個方塊，並將它拉到編輯區中。

選取　彩色燈　1　顯示

在這裡輸入彩色燈的號碼

點選後可以選擇燈光顏色

從小拍連接出來的彩色燈，最接近小拍的就是「彩色燈 1」、第二個就是「彩色燈 2」……其他號碼依此類推，最多可以接到 64 個彩色燈喔！

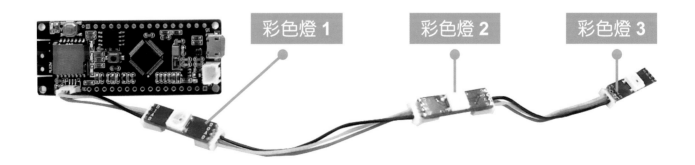

彩色燈 1　　彩色燈 2　　彩色燈 3

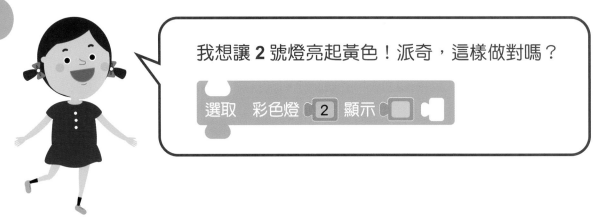

我想讓 **2** 號燈亮起黃色！派奇，這樣做對嗎？

選取 彩色燈 **2** 顯示

莉莉已經成功把彩色燈 **2** 設定成黃色了，不過，要亮燈還差一個步驟！我們還必須告訴小拍，彩色燈 **2** 應該要「開啟」還是「關閉」。在剛剛的列表中，也能找到這兩個小方塊。

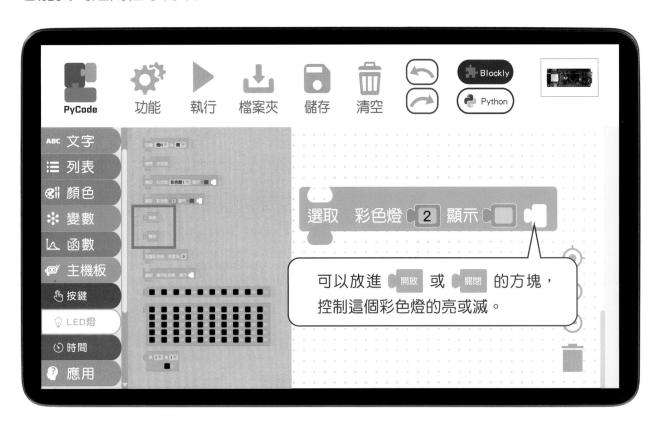

可以放進 開啟 或 關閉 的方塊，控制這個彩色燈的亮或滅。

組合完成後，就按下 **PyCode** 程式畫面上方的「執行」按鈕來測試效果吧！

PyCode　功能　執行　檔案夾　儲存　清空

小朋友都成功讓彩色燈 **2** 亮起黃色燈光了嗎？

咦？好奇怪喔！派奇，我想要「先開燈之後再關燈」，為什麼燈光沒有亮呢？

　　小波的作法為什麼不會亮呢？在 **PyCode** 中，小拍執行指令的順序是「從上到下」，所以想要一次做出許多效果，就要將指令拼圖往下連接。

不過，小拍剛剛告訴我，它的確有亮燈呀？

我知道了，小拍有亮燈，不過亮起來之後，馬上就關掉了！對不對，派奇？

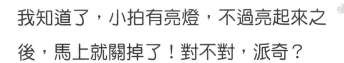

43

⏱ 時間

要解決小波遇到的問題，我們就需要認識收藏在時間分類當中的「等待」方塊。

小拍執行每個指令的時間都是固定的，而且它的動作很快，每個 **PyCode** 指令，它只要一瞬間就能做完了。

不過，你可以使用「等待」功能，請它「等一等」，再接著做下一個指令喔！

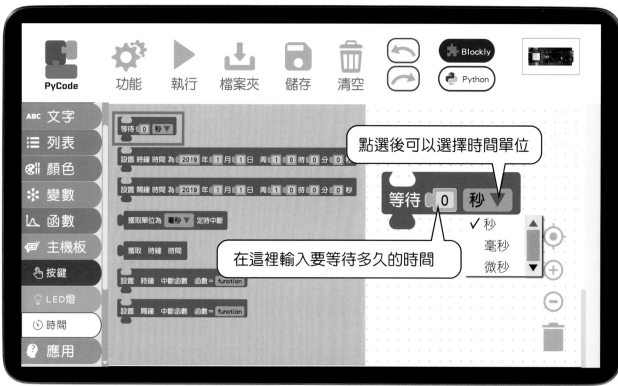

點選後可以選擇時間單位

在這裡輸入要等待多久的時間

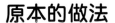
原本的做法

❶ 開啟彩色燈 **2**，黃色。

❷ 關閉彩色燈 **2**。

新的做法

❶ 開啟彩色燈 **2**，黃色。

❷ 等待 **3** 秒鐘。

❸ 關閉彩色燈 **2**。

如此一來，小波就完成一個「先開燈之後再關燈」的演算法囉！小朋友，只要我們確定了一個想要完成的「任務目標」，就可以開始思考達成它的方式和步驟。再藉由 **PyCode** 和小拍的幫助，經過不斷測試、修正之後，就能找出最適合用來達成任務的演算法！

確認任務目標 ＞ 達成目標的方式 ＞ 進行實驗 ＞ 完成

我知道了！我們今天的任務目標就是「點亮聖誕樹上的燈」！

小波和莉莉的任務目標已經很清楚了。不過，在開始之前，我們還需要多認識幾個 **PyCode** 指令，才更容易找出適合的演算法來達成任務！

迴圈就是「循環」、「重複」，能自動執行相同的步驟。

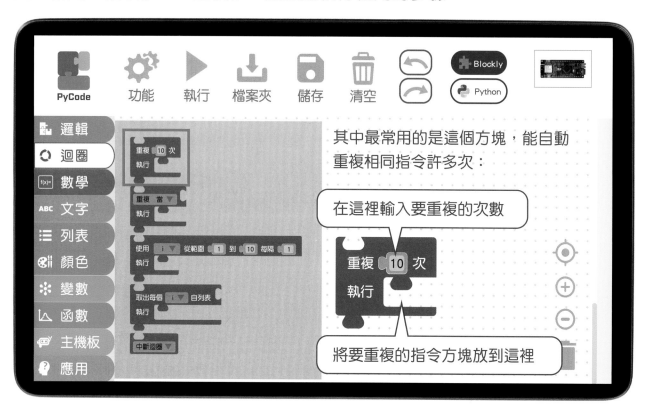

其中最常用的是這個方塊，能自動重複相同指令許多次：

在這裡輸入要重複的次數

將要重複的指令方塊放到這裡

舉例來說，想讓彩色燈 2 亮起黃光 3 秒後接著關燈 3 秒，並重複 2 次時：

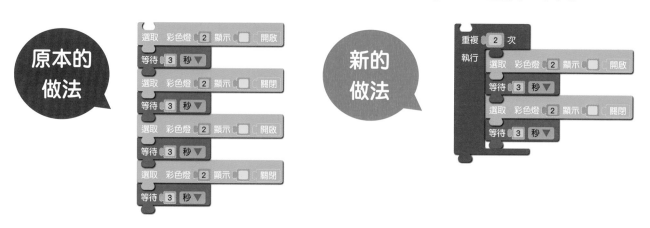

原本的做法

新的做法

另外，如果想要一次關閉全部的彩色燈，可以使用這個方塊：

舉例來說，如果想在 **1** 秒後關閉 **3** 個彩色燈：

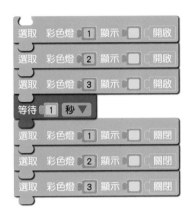

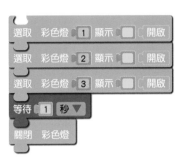

這樣一來，步驟是不是就簡單多了呢？

任務目標： 完成小波和莉莉的聖誕燈

學會和小拍一起開燈、關燈之後，小波和莉莉已經準備好開始設計自己的聖誕燈囉！

莉莉的聖誕燈

☑ 上層燈光會紅、綠交替閃爍。

☑ 總共重複 **15** 次。

小波的聖誕燈

☑ 下層的每個燈會輪流亮起黃光。

☑ 總共重複 **50** 次。

點燈大計畫

　　小朋友，你能幫助小波和莉莉完成任務嗎？如果是你，又會怎麼設計燈光呢？請參考下列圖表，練習思考如何 **PyCode** 吧！

莉莉的聖誕燈

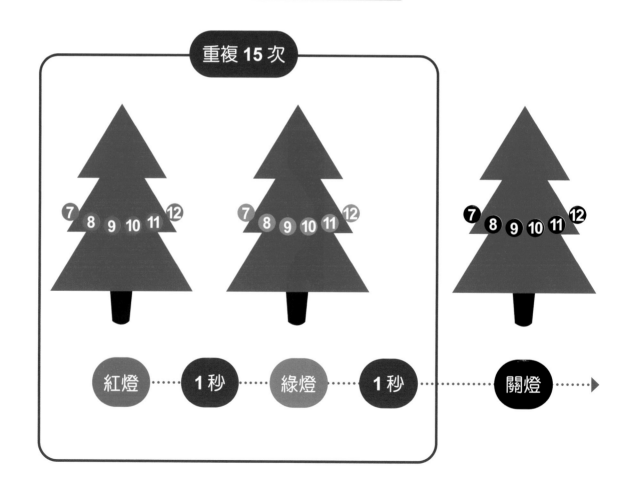

② 達成目標的方式：如何用 PyCode 達成目標？

▶ **要讓聖誕樹上層的燈光全部亮紅燈，可以怎麼做？**

用彩色燈方塊，選擇紅色，設定開啟。
燈號 7 ～ 12，總共要做 6 個。 ··················

▶ **要讓聖誕樹上層的燈光全部亮綠燈，可以怎麼做？**

做法和「亮紅燈」相同，只是要改變顏色。 ·········

▶ **同一個顏色的燈光要維持 1 秒，可以怎麼做？**

用等待方塊，時間設定成 1 秒，接在 6 個設定
好的彩色燈方塊下面。 ······················

▶ **要重複 15 次相同的步驟，可以怎麼做？**

用迴圈方塊，重複次數設定 15 次，並將要重複
的指令方塊接在右側。 ······················

▶ **要一次關閉 7 ～ 12 號彩色燈，可以怎麼做？**

可以使用彩色燈方塊，把「關閉」方塊放進右邊
的空格中。燈號 7 ～ 12，總共要做 6 個。 ········
也可以使用「關閉彩色燈」方塊，一次關閉所有
亮著的彩色燈。 ····························

③ 進行實驗：按下 ▶，確認燈光效果。
執行

建議方案請參考第 **53** 頁

小波的聖誕燈

1 確認任務目標 ▶ 小波想讓燈光怎麼亮？

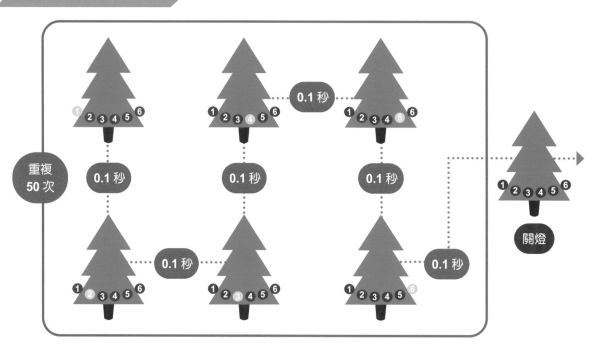

2 達成目標的方式 ▶ 如何用 PyCode 達成目標？

▶ **要讓聖誕樹下層的燈光全部輪流亮過一次，可以怎麼做？**

彩色燈 1 亮起又熄滅之後，彩色燈 2 接著亮起又熄滅，然後是彩色燈 3……只要燈光按照順序，一個接一個「亮起又熄滅」，就能做出「輪流亮」的效果。

因此，可以先做出「彩色燈 1 亮起又熄滅」的 **PyCdoe** 組合。⋯⋯⋯⋯⋯⋯⋯

接著再依照相同方式，完成彩色燈 2 ～ 6 的 **PyCode** 組合，依序接在下方就完成了。

小挑戰 爸爸、媽媽的聖誕燈

看到小波和莉莉的聖誕樹之後，爸爸、媽媽也想設計自己的燈光效果！
小朋友，你知道該怎麼 **PyCode** 嗎？

爸爸的聖誕燈

☑ 奇數燈和偶數燈交替變化紅、黃色燈光。

☑ 重複 **20** 次。

媽媽的聖誕燈

☑ 所有的燈快速閃爍白色光。

☑ 重複 **30** 次。

▶ **要重複 50 次相同的步驟，可以怎麼做？**

用迴圈方塊，重複次數設定 **50** 次，並將要
重複的指令方塊接在右側。．．．．．．．．．．．．

3 進行實驗 按下 ▶，確認燈光效果。

建議方案請參考第 **52** 頁

你喜歡誰的設計呢？

爸爸的聖誕燈

好有氣氛的聖誕燈！

媽媽的聖誕燈

我的成功亮起來了！

推薦文

林祐生 | 吉林國小資訊組長

　　近年來全球掀起了一股「**hour of code**」的潮流，期待可以透過一小時學習程式的活動，啟發孩子們的創造力、邏輯運算與自學能力。除此之外，在小學階段的資訊課程也十分重視程式教育，從 **Scratch** 一直往下延伸到低年級的不插電課程，孩子們可以在課堂中，透過簡單的實作或課程活動來認識邏輯。

　　但是，並非所有的教學設計都能與孩子的生活經驗和能力相互契合，加上課程節數有限，孩子們在學校往往僅能得到初步的啟蒙。《節慶萬花筒》這本書可以協助家長在親子共學的過程中，輕鬆地引領孩子認識程式語言的世界。

　　《節慶萬花筒》以故事為出發點，不僅帶著孩子認識異國文化，也從最令孩子興奮的聖誕燈閃爍節奏裡，延伸出一連串有趣的程式挑戰。孩子們在創造專屬於自己的點燈計畫時，不僅能體驗動手做的過程，更能享受成為「**maker**」的樂趣，化身為一個小小創客。

　　科技始終來自於人性，但人性的需求才是自學的動力。學習程式語言對學生而言，一向是很有難度的一門學科。在學習的過程中，唯有透過與孩子們生活相關的事物，學習才會更有動力，希望每個孩子都可以在學習的過程中體驗到成就和樂趣。

鍾如雅 ｜ 富禮國中資訊組長

　　學齡兒童適合寫程式嗎？如何引導他們寫程式呢？隨著資訊科技快速發展，我們已經無法阻擋孩子提早接觸科技產品，因此從小培養運算思維、程式設計邏輯、問題解決的能力勢在必行。

　　《節慶萬花筒》是一本適合親子一同動手做的書籍，也是一本適合國小中、高年級學童自己獨立動手 DIY 的教材書。書中從小波一家人參與聖誕節活動、了解聖誕節的習俗展開，延伸介紹了全球各地節慶，如印度的侯麗節、東亞的農曆新年、伊斯蘭教的齋戒月、歐美的萬聖夜等。

　　除了說明各節慶的由來、習俗，讓孩子了解不同宗教信仰文化及其獨特性外，更重要的是，書籍搭配實作配件，家長和孩子可以依照書中的安裝步驟，輕鬆、愉快、安全地動手完成聖誕樹，再利用主機板編寫簡易程式，點亮屬於自己的璀璨聖誕樹。

　　本人是中學資訊科技教師，同時也是一位學齡孩子的媽媽。書裡頁數不多，卻十分淺顯易懂。透過圖形化的程式介面和簡單的範例，引導孩子理解如「迴圈」和「設定時間」等基礎程式設計概念，能讓孩子輕鬆地學習程式、發揮自己的創意，是一本兼具閱讀和學習程式設計的好書。

AI科學玩創意

獻給孩子和所有熱愛學習者的第一套生活科學程式書！

小小光線設計師

精彩實作，多種玩法：
單套獨立主題燈光場景組
全 4 套組成 360°立體大場景

《快樂露營去》

小波一家人到戶外露營，遇到了好多會發光的事物。他能學會用燈光表現出類似的效果嗎？

* 臺灣黑熊與螢火蟲
* 認識星空
* 趣味編程

《停電驚魂記》

為什麼一早起床，窗外卻漆黑一片呢？而且，家裡突然停電了，電燈打不開！小波該怎麼辦呢？

* 太陽光與晝夜變化
* 日食與月食
* 趣味編程

《上街兜兜風》

小波全家開車出門兜風，他發現街道上也有好多會發光的事物！這些光源和太陽、月亮有什麼不同呢？

* 人造光源演進史
* 光影變化實驗
* 趣味編程

《玩具店也瘋狂》

今天是小波的生日，他在玩具店遇見了一個神奇的機器人……它竟然會說話！這是怎麼回事呢？

* 電腦發展史
* 什麼是程式語言？
* 趣味編程

就是愛出色

北歐風低調木質電子訊息板　豪華 LED 燈變化陣容
厚重質感木盒打造典雅精品　科技與自然融合之美

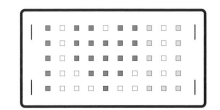

《生活調色盤》

小波到鄉下拜訪爺爺、奶奶，本
來想出門去玩，卻突然下起了
雨。他和莉莉會從雨後的彩虹發
現什麼神奇的現象呢？

* 光與顏色
* 折射與反射實驗
* 調色大師：伊登 12 色環
* 顯示技術發展史

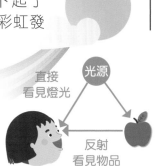

《小小色彩藝術家》

爺爺帶小波和莉莉去參觀一座十分
獨特的美術館，裡頭不只有機器人
擔任導覽員，還有會分辨人類表情
的電腦。這是怎麼回事呢？

* 電腦視覺與辨識技術
* RFID 是什麼？
* 演算法
* 趣味編程

更多趣味主題即將上市，敬請期待！

我們都在
AI科學玩創意
等你一起玩 AI 喔！

產品購買資訊

目川文化官方購物網
https://www.kidsworld123.com

【大師名著】精選系列

經典文學珍藏，值得一讀再讀！

本系列精選來自世界各國的暢銷名著，經過歲月長河的淘洗、砥礪，在世世代代的讀者眼中仍持續發光閃耀，是孩子啟蒙文學素養必讀的優良讀物。

產品購買資訊

目川文化官方購物網
https://www.kidsworld123.com

孤女潔露莎・艾伯特意外得到「長腿叔叔」——一位匿名善心人的資助上了大學，展開未曾有過的燦爛人生。她透過一封封幽默坦率的信件，將新生活毫不保留地分享給視同家人的「長腿叔叔」，卻從未收到回信。

究竟，她最後能不能見到長腿叔叔？長腿叔叔的真面目又是誰呢？

一場龍捲風將女孩桃樂絲和寵物托托帶到了一個魔法國度，想要回家，就必須前往奧茲國請偉大的魔法師幫忙。

在路途中，她遇見了渴望擁有腦袋的稻草人、想要擁有心的錫樵夫和希望變得勇敢的膽小獅子，四人結伴同行，踏上尋找智慧、愛與勇氣的旅程。他們能克服邪惡女巫的阻撓，成功實現心願嗎？

恩利科的身邊有許多值得他效法的好朋友：行俠仗義的卡羅納、學識淵博的德羅西、勇於挑戰自我的納利、替父母分憂解勞的科列帝，以及懂得自省的沃提尼等等。

除此之外，他對老師、家人的教誨也銘記於心。一篇篇的日記，記錄著恩利科對於生活的細膩心得，讓我們一起走入書中，欣賞他多采多姿的小四生活。

孤兒湯姆跟著經常虐待他的師傅到處掃煙囪，有一天，湯姆在工作時被誤會成小偷，因而在慌張逃跑的過程中不慎落水，被水仙子們變成了水孩子。

湯姆在水底依舊不改調皮的本性，最終在仙女開導之下才逐漸收斂。為了成為更好的自己，仙女勸湯姆去幫助他討厭的人。究竟湯姆能不能順利克服萬難、完成任務？

　　五個孩子在父母出遠門時，意外地從沙坑中挖出了一個能實現任何心願的神祕沙仙。孩子們迫不及待地向沙仙提出各式各樣的願望，然而不管是真心的願望，還是無心的希望，全都讓他們陷入了棘手的困境。更糟糕的是，不耐煩的沙仙還拒絕幫助他們收回心願！

　　孩子們該如何解決自己造成的麻煩呢？

　　富家子弟哈維不小心從郵輪上墜海，被漁船「在這兒號」救起後，從此展開截然不同的人生。習慣以金錢來頤指氣使的哈維，在船上也只能乖乖服從船長的命令。

　　經過幾個月的歷練，哈維學會了航海、捕魚，聽遍了大海的奇聞軼事，也親眼目睹了令人不勝唏噓的海難。原本驕縱任性的他，會產生什麼改變呢？

　　狐狸列那意外解救了獅王，從此由平民變成男爵，並得以住在馬貝渡的一座宏偉城堡裡。此後，他處心積慮地混進上流社會，企圖扳倒那些有權勢的動物，建立一個平等的國家。

　　他一步步地對迫害百姓的貴族施展復仇計畫，卻遭受敵人陷害而陷入困境。究竟列那能否突破重圍，擊垮存在已久的惡勢力呢？

　　史顧己住在陰冷潮濕的倫敦，他吝嗇又刻薄，連乞丐都不願向他乞討。就在聖誕節前夕，已故熟人馬利突然出現，警告他若繼續貪戀錢財，死後將十分悽慘。不久後，有三位幽靈來訪，帶領史顧己經歷了一場穿梭時空的不可思議冒險。

　　史顧己會從中得到什麼啟示？他能夠扭轉未來，重新展開新的人生嗎？

　　蘿拉一家居住在廣闊的威斯康辛大森林裡，他們得辛勤耕作、用獵來的獸皮以物易物，才能夠溫飽，而且還必須隨時留意野生動物的動靜，以免遭遇襲擊。儘管這樣的生活在外人看來十分辛苦，但對五歲的蘿拉而言，一切都是那麼地新奇有趣。

　　小朋友，現在就趕緊翻開書本，和蘿拉一起體驗多采多姿的拓荒生活吧！

　　住在「垃圾大院」的湯姆是一名乞丐，和他同一天出生、長得一模一樣的愛德華，卻是高貴的王子。因緣際會下，兩人相遇並意外交換了身分——湯姆在皇宮裡過著養尊處優的生活，愛德華卻變成街老鼠般的存在，甚至遇上壞人而性命堪憂。

　　究竟，真正的王子愛德華能否順利揭開真相，重回屬於自己的王位？

AI 科學玩創意

節慶萬花筒

AI 科學系列：AISA0001

作　　者：潘聖云、王一雅

繪　　者：張芸荃

責任編輯：王一雅

美術設計：涂敔佽

策　　劃：目川文化編輯小組

審　　稿：戴凱欣

科技顧問：趙宏仁

程式審稿：吳奇峯

教學顧問：翁慧綺

出版發行：目川文化數位股份有限公司

總 經 理：陳世芳

總 編 輯：林筱恬

美術指導：巫武茂

發行業務：劉曉珍

法律顧問：元大法律事務所　黃俊雄律師

地　　址：桃園市中壢區文發路 365 號 13 樓

電　　話：(03) 287-1448

傳　　真：(03) 287-0486

電子信箱：service@kidsworld123.com

網路商店：www.kidsworld123.com

粉絲專頁：FB「悅讀森林的故事花園」

電子教具：汯鉅科技股份有限公司

印刷製版：長榮彩色印刷有限公司

總 經 銷：聯合發行股份有限公司

電　　話：(02) 2917-8022

出版日期：2021 年 11 月

I S B N：978-986-06102-9-1

書　　號：AISA0001

售　　價：450 元

節慶萬花筒 / 潘聖云 , 王一雅作 . --

桃園市：目川文化數位股份有限公司, 2021.11

60 面 ;22x23 公分 . -- (AI 科學玩創意)

ISBN 978-986-06102-9-1(平裝)

1. 電腦教育 2. 電腦程式語言 3. 初等教育

523.38　　　　　　　　　　　110019494